EN DIRECTION DU MOULIN CÉCILLON

EN DIRECTION DU MOULIN CÉCILLON

-

ANTHONY MYKYTIW

Photographies par DAN BEAUJOT

©Tous droits réservés

© 2022, Anthony Mykytiw
Édition : BoD – Books on Demand, info@bod.fr
Impression : BoD – Books on Demand,
In de Tarpen 42, Norderstedt (Allemagne)
Impression à la demande
ISBN : 978-2-3224-2052-0
Dépôt légal : Mai 2022

LES PREMIERS PAS

Le ruisseau chantonne sous un grand soleil frais :

Reflet du firmament,

Flot de nuages aux éclats de diamant

Qui traverse l'éternité

Sereinement.

À son bord, scintillant

D'une éblouissante sérénité,

L'éventail de roseaux dorés

Se dandinant

Dans un léger souffle de vent.

Et puis, voici aussi, dans la verte rosée,

Comme à son habitude, année après année,

Le champ de tournesols qui dort profondément.

C'est un petit carré de campagne paisible,

Comme il en existe des millions sur Terre.

À quelques pas, un peu plus loin, ici, voilà,

Dans un minuscule sous-bois,

L'épais torchon de feuilles maladroit

Venant réconforter le sol humide et froid.

Juste au bord du ruisseau de l'ombre,

Sur le petit siège de terre sombre,

Étroit,

Fraîchement parsemé de feuilles vermillon,

Assis sans bruit,

Comme on en voit aussi des millions,

Un homme se faisant vagabonder l'esprit.

En cette belle matinée d'automne,

Un homme inconnu, un lieu méconnu ;

En cette belle matinée d'automne,

L'endroit inconnu, l'homme méconnu :

Deux destins convenus.

Quelque part, au bord d'un ruisseau :

Naissance d'une histoire unique,

Naissance d'une muse poétique,

Naissance du poète du ruisseau.

Automne

Moulin Cécillon

Songeur, en direction du moulin Cécillon,

Assis sans bruit face à la forêt de roseaux,

Sur le sol tapissé aux feuilles vermillon,

Je contemple, les yeux plongés dans le ruisseau.

Au bord de la rive, dans un profond soupir,

Un courant d'air chaud balaie les pensées rebelles,

Offrant une bouffée d'air frais à l'étincelle,

Un nouveau souffle pour embraser l'avenir.

Je serai comme la feuille verte jaunie,

Prête à plonger quand le ciel deviendra trop froid,

Et, flottante dans les eaux troubles de la vie,

Je franchirai les saisons en pensant à toi.

Contre vents et marées glacés d'incertitudes,

Dans les traversées arides du désespoir,

Telle une étoile qui brille dans le ciel noir,

Tu seras là, souvenir sans inquiétude.

Puis quand tombera la dernière feuille morte

De l'ultime automne, dans un grand tourbillon

J'irai prendre mon envol par la grande porte,

Serein, en direction du moulin Cécillon.

Le visiteur

Ce soir, la roselière est brune comme terre ;

Elle est la prunelle du grand œil de lumière,

Qui tout là-haut, s'ennuie, dans la clarté du ciel.

L'astre de vermeil fuit le jour torrentiel

Pour y laisser sa place à la lune de miel !

À l'aube de la nuit : pénombre d'azurine.

Sur la plaine d'automne : éclat de cornaline.

Debout, parmi ses pairs, poète au cœur du champ,

Le roi des tournesols rit de toutes ses dents :

Bienvenue parmi nous, gardien du firmament !

Charmé, je le salue, et son regard bascule ;

Je foule la rosée et mon seigneur me suit.

Ce soir, le soleil c'est mon ombre : épanoui !

Compagnon d'un instant, marchons au crépuscule,

Et puis, quittons ce jour comme deux bons amis !

Au-delà du ruisseau

Derrière la clairière et le ruisseau de l'ombre,

Une petite plaine où dans le ciel s'encombrent

Des nuées d'oiseaux noirs et de nuages blancs :

Dernier pas de danse dans le soleil couchant.

Soleil nocturne

La journée d'automne revêt son manteau noir :

Dernier soupir du jour, premier frisson du soir.

Je m'avance à l'aube du lendemain, très sombre

Le sentier sous mes pieds. Escorté par mon ombre,

J'aperçois la clairière au bout de mon chemin :

Plaine vide, éclaircie par un rond de satin.

L'œil de la nuit surveille au-dessus des étoiles,

Mes bruissements de pas sur le bord de sa toile.

Le champ de tournesols, dans son iris d'argent,

Écho du jour prochain, reflet du firmament,

Brille comme lanterne en mon cœur taciturne :

Dans cette nuit profonde, ô grand soleil nocturne !

Hiver

Les brigands du moulin

Traversant la plaine du nuage d'oiseaux,

Les brigands du moulin sont venus jusqu'à moi :

"Que cherches-tu ici, poète du ruisseau ?"

Me demanda l'un d'eux un jour de soleil froid.

Soupir de nostalgie me traversant l'esprit :

Ce que je recherchais venait d'être perdu.

Le dernier envol

Dans un dernier envol, l'oiseau quitte son nid

De terre maternelle et de roseaux blanchis.

Deux bruits sourds réveillent la clairière endormie :

Le ruisseau frissonne d'une mélancolie.

Une tache rouge saigne sur le ciel blanc ;

L'oiseau tombe ici-bas sur le sol froid : néant.

Il s'en va au-delà, plus haut, dans la lumière.

Dans les forêts d'argent et les prairies d'hiver :

Un flocon de poussière.

Les catacombes

Tournesols inclinés dans la terre fanée,

Roseaux immobiles sur la berge embrumée,

Ruisseau ensommeillé sous sa cape azurée :

Est-ce l'aube naissante ou bien la nuit qui tombe ?

Nulle différence dans une catacombe.

Ici, le silence crie plus fort que le vent

Qui pourtant, aujourd'hui, souffle ailleurs : défaillant.

Je foule l'herbe blême, impassible et rigide,

Rougie aux souvenirs qui me sont invisibles :

Ô clairière ! Combien as-tu perdu d'enfants ?

Là-bas, dans le brouillard, la forêt qui sanglote.

Je m'agenouille, au sol grisâtre, à son chevet.

Sur mon tas de terre vaseux et décimé,

Je sens les froids soupirs du temps passé qui flottent,

Les esprits de poussière, éteints, à mes côtés.

Un écho de cendre résonne encore au loin

Dans le souffle tremblant de ce profond mystère

Où jour comme la nuit, l'âme vit prisonnière.

Au bord de mon ruisseau, les yeux fermés, témoin

De nostalgie, je soupire, seul dans mon coin.

En haut, dans le ciel vide, une lueur surplombe

Les heures glaçantes de l'ennui : un éveil.

Dans les eaux inertes, un reflet de vermeil :

Est-ce le clair de lune ou celui du soleil ?

Nulle différence dans une catacombe.

L'ultime voyageur

Froidure et silence dans le son de ma lyre ;

La pluie, la boue, le vent sur mon plus beau sourire.

Quand le foin est poussière et les fleurs souvenirs,

Quand j'ai froid, quand je pleure : où est-il ton désir ?

Toujours là au printemps, dans sa tiède douceur,

Sous le long ciel d'été, dans les grands jours d'automne.

Souvent ta présence quand l'étoile rayonne,

Mais quand j'ai froid, je pleure : où es-tu, voyageur ?

Plus personne le temps d'un gros chagrin d'hiver,

Sous les caprices gris de ces hideux nuages.

Peut-être quelques fois, les traces de passage

De ce brave chasseur, mais sinon, le désert.

Si seule, si triste, si vide : lassitude.

Débris d'allégresse disparus dans l'ennui,

Siècles d'éternité ont fané aujourd'hui.

Solitude, solitude, ma solitude...

Mais qui voilà au seuil de mon visage blême ?

C'est lui, l'ami poète ! Ici petit roseau !

Prends ta place crasseuse au bord de ton ruisseau,

Et sous le vent, la pluie, récitons des poèmes !

Printemps

Le tombeau

Seul, face au silence qui fait parler notre âme,

Près du petit cours d'eau qui berçait la clairière,

Sous la surface où la conscience proclame,

Il y avait un homme avec un blouson vert.

Las, il faisait les cent pas le long de la berge,

Porté par les flots de son esprit étourdi,

Puis, un désir le tira hors de sa gamberge :

Il cueillit une tige de roseau brunie.

Soudain, le ciel s'éprit d'une autre émotion :

Ses doigts subtils liés au précieux épi,

Sur le chemin sillonnant rêve et passion,

L'homme au blouson vert s'en alla rentrer chez lui.

Et quand il franchit le seuil de la liberté,

Où une grande éclaircie fit taire la pluie,

Il déposa, avec grâce et légèreté,

Le brin doré aux premiers éclats printaniers,

Sur le tombeau de ses ennuis.

Arc-en-ciel sur la clairière

L'esprit du firmament

Au milieu du printemps

À son lot de tourments.

Ses flancs noircis de vent

Et de larmes grossières

Sont empreints de misère.

L'esprit du firmament

Au milieu du printemps

À son lot de tourments.

Mais dans son cœur vaillant

Se trouve une clairière

Sa source de lumière.

Si la nuit pour cent ans

Voile de tout son sang

Le monde de poussière,

Ici, dans la clairière,

Les aubes printanières

Arcs-en-ciel de mille ans.

Confinement dans la clairière de printemps

I.

Oisif, herbes coupées, moment silencieux.

La plaine printanière, aucune trace d'hommes ;

Où sont-ils ? Perdus dans leurs esprits soucieux,

Me laissant seul, roseau dansant, aux bords des cieux.

II.

Un vieux livre à la main, tracas faisant un somme ;

Je m'allonge, tête sur le nuage bleu.

Aujourd'hui, par ce temps sage et mélodieux,

J'irai chercher conseil auprès des fleurs d'arums.

L'aube noire

Il y a des matins pouvant briller cent ans,

Et peut-être bien mille, une aurore éternelle,

Qui comme l'oiseau d'or et de rubis ardents,

Fait crépiter le ciel de sa braise immortelle.

Dans le goûteux parfum d'une fleur de printemps,

Sur les lèvres d'amour d'un baiser innocent

Aux puissants arômes de vie et de jeunesse,

Les âmes s'embrasent dans une douce ivresse.

Dans les yeux infinis du tout petit enfant,

Ses rires, ses rêves, son sourire de roses,

Même à travers la nuit la plus froide et morose,

Une étincelle chante au-delà d'un instant.

Il y a des matins pouvant briller cent ans,

Mais celui-ci s'endort, ses paupières sont lourdes ;

Sur son lit de cendres où les flammes sont sourdes,

Le crépuscule éteint son souvenir d'antan.

Sous un long voile noir, l'horizon se dérobe,

Et en moi murmure cette larme de sang,

Cri plus silencieux que le souffle du vent :

Dans son regard d'azur, je ne verrai plus l'aube

Rougir.

Été

Amertume printanière sous le grand ciel d'été

La clairière sourit sous le grand ciel d'été :

Si charmeur ce sourire, une grande beauté.

Elle est séduisante sous son joli costume

D'herbes coupées, de quiétude et de clarté.

Sur son sentier doré, semblable à du bitume

Pour l'esprit fatigué, morose et dérangé,

Je me traîne, tête basse, le cœur serré ;

Dans mes yeux soupirant, une oppressante brume :

Fleur printanière - parfum d'amertume.

L'hymne à la roselière

La roselière danse au souffle des saisons,

Un air mélodieux dans sa douce toison,

Poésie ondulante au bord de la clairière,

Symphonie légère de vent et de lumière.

La roselière danse au souffle des saisons,

Et au chœur du mistral de ma sombre raison,

Une brise chante, chante en toute saison,

L'hymne à la roselière !

Les libellules du ruisseau de l'ombre

Ruisseau de la clairière, eaux superbes, tranquilles,

Reflet de diamant sur les nuages bleus.

Berceau en roseaux d'or, tissu d'azur fertile.

Pour de la poésie, mauvais temps, mauvais lieu.

Aujourd'hui ou demain, qu'importe les saisons,

Grand ciel blanc, grand ciel noir, qu'importe ses raisons,

Au ruisseau de l'ombre se trouve ma vraie place,

Au ruisseau de l'ombre, les problèmes trépassent.

C'est ce qui se cache dans notre obscurité

Qui éclaire le plus notre fatalité.

C'est au bord du ruisseau de la lune immortelle

Que les libellules ont les plus grandes ailes.

Pèlerinage d'une feuille

Feuille verte aux couleurs de l'automne lointain,

Sur les flots tranquilles de la source estivale,

Bouleverse l'esprit oisif du pèlerin,

Et sans se retourner, s'en va, prochaine escale.

Laissant derrière elle les douceurs de l'été,

Quittant avant l'heure sa maison forestière,

Partie déjà si loin, ruisseau de la clairière,

À la reconquête du rêve printanier.

Présage du destin, au cœur de ton périple,

Prends bien garde au renard qui proclame l'amour,

Et aux bords des adieux, les tourments du disciple :

Au-delà des roseaux, te reverrai-je un jour ?

Ultime automne

Au revoir le moulin

I.

Aux portes de l'hiver, un cycle se termine.

Fanés sur les branches, les feuillages d'automne

Fleurissent le sentier larmoyant de bruine.

Menant droit au moulin, un ruisseau d'iris jaunes.

II.

Les saisons ternissent, esprit immaculé.

Sur le sol parsemé aux vestiges lyriques,

Une dernière feuille, une ultime réplique ;

Ciel devenu trop froid : t'es-tu donc envolé ?

Table des matières

Moulin Cécillon 12
Le visiteur 14
Au-delà du ruisseau 15
Soleil nocturne 16
Les brigands du moulin 20
Le dernier envol 21
Les catacombes 22
L'ultime voyageur 24
Le tombeau 28
Arc-en-ciel sur la clairière 30
Confinement dans la clairière de printemps 32
L'aube noire 33
Amertume printanière sous le grand ciel d'été 38
L'hymne à la roselière 39
Les libellules du ruisseau de l'ombre 40
Pèlerinage d'une feuille 41
Au revoir le moulin 44